DE LA

MANIERE

DE SUPPLÉER

AUX OREILLES

PAR LES YEUX.

DE LA
MANIERE
DE SUPPLÉER
AUX OREILLES
PAR LES YEUX,

Pour servir de suite au Cours Elémentaire d'Education des Sourds & Muets, par M. l'Abbé DESCHAMPS, Chapelain de l'Eglise d'Orléans, Instituteur des Sourds & Muets.

Segnius irritant animos demissa per aurem
Quam quæ sunt oculis subjecta fidelibus.
HORACE, Art. Poet.

A PARIS,

CHEZ { DEBURE, l'aîné, Quai des Augustins.
CUCHET, Rue Serpente.

M. DCC. LXXXIII.
Avec Approbation & Privilége du Roi.

A MONSEIGNEUR

LE DUC D'ORLÉANS.

MONSEIGNEUR,

La grace que Votre Altesse veut bien m'accorder, en daignant agréer mon Ouvrage sur les Sourds, est pour le public une nouvelle

preuve de son amour pour l'humanité, & le progrès des Sciences,
& pour moi la faveur la plus
signalée.

J'ai l'honneur d'être,

MONSEIGNEUR,

Avec le plus profond respect,

DE VOTRE ALTESSE SÉRÉNISSIME,

Le très-humble & très-obéissant
serviteur, DESCHAMPS,
Instituteur des Sourds &
Muets.

PRIVILEGE DU ROI.

LOUIS, PAR LA GRACE DE DIEU, ROI DE FRANCE ET DE NAVARRE, A nos amés & féaux Conseillers, les Gens tenant nos Cours de Parlement, Maîtres des Requêtes ordinaires de notre Hôtel, Grand-Conseil, Prévôt de Paris, Baillifs, Sénéchaux, leurs Lieutenants-Civils, & autres nos Justiciers qu'il appartiendra : SALUT. Notre amé le Sr. ABBÉ DESCHAMPS, Nous a fait exposer qu'il desireroit faire imprimer & donner au Public un Ouvrage de sa composition, intitulé *de l'Art de suppléer aux Oreilles par les Yeux*, pour servir de suite au Cours Élémentaire d'Education des Sourds & des Muets, s'il nous plaisoit lui accorder nos Lettres de Privilége à ce nécessaires. A CES CAUSES, voulant favorablement traiter l'Exposant, nous lui avons permis & permettons de faire imprimer ledit Ouvrage autant de fois que bon lui semblera, & de le vendre, faire vendre par tout notre Royaume. Voulons qu'il jouisse de l'effet du présent Privilége, pour lui & ses hoirs à perpétuité, pourvu qu'il ne le rétrocede à personne; & si cependant il jugeoit à propos d'en faire une cession, l'Acte qui la contiendra sera enregistré en la Chambre Syndicale de Paris, à peine de nullité, tant du Privilége que de la cession; & alors par le fait seul de

la ceſſion enregiſtrée, la durée du préſent
Privilége ſera réduite à celle de la vie de
l'Expoſant, ou à celle de dix années, à
compter de ce jour, ſi l'Expoſant décede
avant l'expiration deſdites dix années. Le
tout conformément aux articles IV & V
de l'Arrêt du Conſeil du 30 Août 1777,
portant Réglement ſur la durée des Privi-
léges en Librairie. FAISONS défenſes à tous
Imprimeurs, Libraires & autres perſonnes,
de quelque qualité & condition qu'elles
ſoient, d'en introduire d'impreſſion étran-
gere dans aucun lieu de notre obéiſſance;
comme auſſi d'imprimer ou faire imprimer,
vendre, faire vendre, débiter ni contre-
faire ledit Ouvrage, ſous quelque pré-
texte que ce puiſſe être, ſans la permiſſion
expreſſe & par écrit dudit Expoſant, ou de
celui qui le repréſentera, à peine de ſaiſie
& de confiſcation des Exemplaires contre-
faits, de ſix mille livres d'amende, qui ne
pourra être modérée, pour la premiere
fois; de pareille amende & de déchéance
d'état en cas de récidive, & de tous dé-
pens, dommages & intérêts, conformément à l'Arrêt du Conſeil du 30 Août 1777,
concernant les Contrefaçons. A la charge
que ces Préſentes ſeront enrégiſtrées tout
au long ſur le Regiſtre de la Communauté
des Imprimeurs & Libraires de Paris, dans
trois mois de la date d'icelles; que l'impreſſion dudit Ouvrage ſera faite dans notre
Royaume & non ailleurs, en beau papier
& beau caractere, conformément aux
Réglemens de la Librairie, à peine de dé-

chéance du présent Privilége : qu'avant de l'exposer en vente, le manuscrit qui aura servi de copie à l'impression dudit Ouvrage sera remis, dans le même état où l'Approbation y aura été donnée, ès-mains de notre très-cher & féal Chevalier Garde des Sceaux de France, le Sieur HUE DE MIROMESNIL, Commandeur de nos Ordres ; qu'il en sera ensuite remis deux Exemplaires dans notre Bibliotheque publique, un dans celle de notre Château du Louvre, un dans celle de notre très-cher & féal Chevalier, Chancelier de France le Sieur DE MAUPEOU, & un dans celle dudit Sieur HUE DE MIROMESNIL : le tout à peine de nullité des Présentes ; du contenu desquelles vous mandons & enjoignons de faire jouir ledit Exposant & ses hoirs pleinement & paisiblement, sans souffrir qu'il leur soit fait aucun trouble ou empêchement. VOULONS que la copie des Présentes, qui sera imprimée tout au long, au commencement ou à la fin dudit Ouvrage, soit tenue pour duement signifiée, & qu'aux copies collationnées par l'un de nos amés & féaux Conseillers-Secrétaires foi soit ajoutée comme à l'original. COMMANDONS au premier notre Huissier sur ce requis, de faire pour l'exécution d'icelles, tous Actes requis & nécessaires, sans demander autre permission, & nonobstant clameur de Haro, Charte Normande, & Lettres à ce contraires. Car tel est notre plaisir. Donné à Paris, le dix-huitieme jour de Décembre, l'an de grace mil sept cent quatre-vingt-deux, & de notre Regne le neuvieme. Par le Roi en son Conseil.

LE BEGUE.

AVANT

AVANT-PROPOS.

JE n'ai fait que préfenter dans mon Cours d'Education, fans aucun détail, & comme un fimple apperçu, le moyen d'être utile à la claffe malheureufe des Sourds par accident, dans l'intention où j'étois de développer par la fuite les principes de cet Art intéreffant pour l'humanité fouffrante. J'attendois pour cela que l'expérience me prouvât la bonté de mes raifonnements, & la folidité de mes principes : je n'avance rien dont je n'aie fait la preuve. Le même defir de concourir au bonheur de mes femblables, qui

m'a fait publier mon Cours d'Education, m'engage donc à donner
celui-ci, avec d'autant plus de confiance, qu'il peut être d'une utilité
plus générale, vu le grand nombre
d'hommes affligés de cette infirmité.
La méthode que j'emploie est d'ailleurs d'une facilité qui la rend
pratiquable à tout le monde; facilité
qu'il est impossible de donner aux
principes d'éducation des Sourds
& Muets. Dans l'institution pré-
sente, les travaux sont moins
grands, parce que les obstacles sont
moins multipliés; avec les éleves
Muets, on est forcé de donner la
faculté & l'usage de la parole,
son intelligence, d'apprendre la

lecture sur les levres ; avec les Sourds par accident, & qui ne sont pas Muets, il ne faut que leur apprendre la lecture sur les levres : ils ont, par avance, la faculté de la parole, & son intelligence. Je suis surpris que ceux qui m'ont précédés dans la carriere de l'institution des Sourds & Muets, ne se soient point attachés à cette branche qui tient nécessairement à l'éducation dont ils s'occupoient. Quels avantages ne retireroient pas de l'agrément de la société, ces personnes qu'une incommodité si affligeante en éloigne pour toujours ? Je n'examinerai pas si la nature est plus muette pour les

a iij

Aveugles que pour les *Sourds* ; pour peu que l'on fasse réflexion à la tristesse d'une personne sourde, on concevra facilement combien son état lui est à charge, & toute l'étendue de sa privation. Touché du malheur de ces infortunés, j'ai espéré leur être utile : j'ai fait des tentatives, je les ai vu avec joie réussir. Je n'avois pas suffisamment éclairci cet objet dans mon premier Ouvrage, j'ai cru que je devois y revenir ; mon but alors n'étoit que d'en donner une idée, moins pour prouver la bonté de ma méthode, que pour ouvrir une voie à celui qui voudroit être utile à la société, dans une de ses classes

malheureusement assez multipliée.
C'est ce motif qui m'engage à étendre
le peu que j'en ai dit dans mon
Cours Elémentaire : la fin , que
j'aurois pu avoir de prouver que
ma méthode étoit d'autant meilleure
qu'elle étoit applicable au soulagement d'un plus grand nombre de
malheureux , étoit bonne ; mais
si elle eut été seule , on auroit pu
croire qu'aveuglé par l'évidence de
mon système , je n'avois avancé
cette proposition , que parce que
je la croyois faite pour prévenir
toutes les difficultés , & répondre
à tous les doutes , & que ces avantages n'étoient que dans mon imagination. Il falloit joindre à ces

regles l'expérience, pour leur donner le caractere de la conviction :
je l'ai obtenu par la pratique de
mes principes, ce qui me fait efpérer que la découverte d'un Art
auffi utile, ne reftera point dans
l'oubli. Qui fait, fi cet Art n'avoit
point eu la fanction de l'expérience,
combien il auroit fallu de temps,
pour qu'un ami de l'humanité eût
voulu courir les rifques d'une telle
épreuve ?

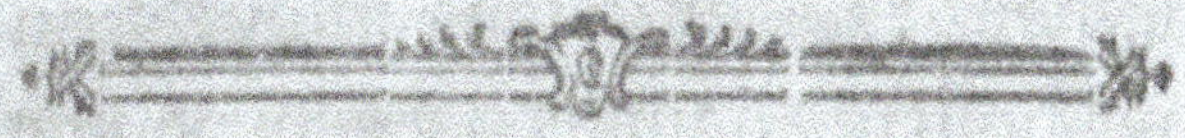

INTRODUCTION.

Avant d'entrer dans le détail de mes Principes d'inſtitution des perſonnes devenues ſourdes par accident, & qui ont conſervé l'uſage de la parole, il eſt néceſſaire de donner quelques Notions préliminaires ſur pluſieurs objets, qui ſont abſolument indiſpenſables pour l'exercice de l'Art dont je traite. Il a fallu que les Sourds, privés du ſens de l'ouïe, cherchaſſent à y ſuppléer par un autre; je veux dire par la vue. On connoît les rapports que les ſens ont les uns avec les autres, & les ſecours qu'ils ſe donnent mutuel-

lement : secours sans lesquels on
ne pourroit jamais parvenir à une
foule de connoissances, qui na-
turellement sont du ressort des
sens dont on auroit le malheur
d'être privés.

L'œil est l'organe de la vue;
c'est le sens de l'esprit, la langue
de l'intelligence. Nos pensées,
nos réflexions, nos agitations se-
crettes, s'y peignent comme dans
un miroir ; il appartient à l'ame
plus qu'aucun autre organe ; il
en exprime les passions les plus
vives, les émotions les plus tu-
multueuses, les mouvements les
plus doux, & les sentiments les
plus délicats ; il les rend dans
toute leur force, dans toute leur
pureté, tels qu'ils viennent de

naître ; il les transmet par des traits rapides , qui portent dans une autre ame le feu , l'action , l'image de celle dont ils partent. La vue est le premier & le plus précieux des sens ; c'est l'obligeante bienfaitrice qui nous donne les sensations les plus agréables que nous recevions des productions de la nature ; elle est la Créatrice des beaux Arts ; elle dirige la main savante de ces illustres Artistes , qui tantôt animent le marbre , & tantôt imitent , à l'aide du pinceau , le spectacle enchanteur de l'Univers.

C'est à ce sens à qui nous avons recours , pour suppléer au défaut de l'ouïe : comme les Muets les personnes qui sont privées de cet organe, ne peuvent participer au commerce mutuel des hommes, parce qu'ils manquent d'un des moyens nécessaires pour cet échange réciproque : comme eux ils sont obligés de chercher, pour y suppléer, une autre voie qui les puisse dédommager de cette privation ; ils y parviennent par l'écriture, soit dans la main ou sur le papier, & par la lecture, sur les levres. Les deux premieres méthodes sont sujettes à trop de longueur & de difficultés pour un usage habituel & journalier ; cependant l'une & l'autre ne sont point à négliger, principalement l'écriture dans la main ; elle est indispensable pour la nuit, & très-utile dans le Cours d'Education, comme j'aurai lieu de le

faire connoître dans cet Ouvrage.
La seconde, la lecture sur les
levres, est bien plus commode ;
elle exige moins de temps, mais
aussi entraîne un bien plus grand
nombre de peines & de travaux :
jamais elle ne peut être parfaite ;
elle ne peut donner une connois-
sance aussi entiere des paroles,
que celle que l'on recevroit par
l'organe de l'ouïe ; ce qui en augmente la difficulté, est la mauvaise articulation. Plus la prononciation sera bien articulée, &
plus les éleves auront de facilité
à lire sur les levres.

Il faut que la prononciation
soit claire ; que toutes les syllabes
soient bien articulées ; que les
mots soient distingués les uns des

autres, & que les phrases soient entiérement séparées entr'elles : les violents efforts de voix, loin d'être propres à se faire entendre, ne servent souvent qu'à obscurcir la prononciation. Il faut prononcer nettement, distinctement & d'une maniere soutenue : je ne parle pas des qualités que la prononciation doit avoir pour un Orateur, ni des inflexions propres aux différentes langues, parce que ces objets sont étrangers à l'Art dont je traite. Il suffit d'avertir l'Instituteur de faire une très-sérieuse attention à l'idiôme reçu dans le pays qu'il habite avec son éleve, afin qu'il lui en fasse contracter l'habitude ; qu'il lui fasse connoître la différence de la prononciation & de l'écri-

ture , fur - tout dans la langue
françoife ; c'eft une des langues
de l'Europe qui differe le plus
dans ces deux expreffions : l'ufage
& l'habitude font connoître aifément ces différences.

La même lettre exige fouvent
différentes prononciations , plus
ou moins fortes ; comme dans les
mots *malle* ou *mâle* , &c. Toutes
ces réflexions font abfolument
indifpenfables pour l'éleve ; c'eft
pourquoi l'étude de la profodie
lui eft très-néceffaire : fans la connoiffance de cette partie , on ne
peut jamais ni lire fur les levres ,
ni prononcer les fyllabes felon
leurs principes , fuivant l'accent,
l'afpiration & la quantité. Ces
connoiffances cependant font ef-

sentielles pour réussir à former
des éleves : ce seroit une erreur
de croire que ces regles ne doivent être observées que pour &
par les seules personnes qui s'ap-
pliquent à notre Art, soit pour
l'enseigner, soit pour l'apprendre;
elles regardent tous les hommes
qui y sont tenus, parce que tous
doivent s'attacher à parler correctement.

M. l'Abbé d'Olivet enseigne
qu'il faut dire chaque syllabe d'un
mot, parce que chaque syllabe,
prise à part & détachée des mots,
n'a ni accent ni quantité. Tout
le monde sent à merveille cette
vérité; le sens seul, peut faire
connoître la quantité que chacune
d'elles doit avoir; quantité que
le

le besoin & les différents usages
ont fait naître : ce qui prouve
que ce son n'est pas produit par
sa nature, mais seulement par
les occurrences. Ainsi, l'Art con-
siste à adapter les modifications
propres de la langue que l'on
parle, aux différents sujets qu'on
y exprime : ce n'est pas seulement ce qui concerne le matériel
des accents & de la quantité,
mais encore celui de leur mesure
& de leurs différents mêlanges :
celui des mesures que les repos
de la voix doivent marquer ;
l'usage qu'il faut en faire, selon
l'occurrence, pour établir une
juste harmonie entre les signes
& les choses signifiées.

Je ne considere l'accent dans

cet Ouvrage, que comme modulation de la voix ; *modulatio
quæ syllabis adhibetur, cantus,
ton* : c'est la voix, la parole,
le mot, en tant que prononcé
avec toutes les modifications éta-
blies par l'usage de la langue que
l'on parle. Chaque pays a non-
seulement une langue qui lui est
propre, mais il a encore un accent qui n'appartient qu'à lui,
une inflexion de voix qui le fait
reconnoître. Pour bien parler, il
faut adopter les accents ou inflexions de voix qu'ont les hon-
nêtes gens de la Capitale ; ainsi,
il ne faut pas prononcer en élevant
la voix où il faudroit la baisser,
ou abréger les syllabes, lorsqu'il
seroit nécessaire de les allonger :
il en est des modifications comme

des visages , tous ont les mêmes traits , sans pour cela se ressembler. La nature de la voix est admirable ; elle se diversifie par différents tons , qui empêchent la monotonie , principalement quand on observe le temps nécessaire à prononcer chaque syllabe , en distinguant les longues des breves ; elle fait sentir l'aspiration qui se fait devant les voyelles en certains mots , & qui ne se pratique pas en d'autres , quoique avec les mêmes voyelles : c'est ainsi que nous prononçons *le héros* avec aspiration , & que nous disons *l'héroïne* , sans aspiration.

Il faut observer les intervalles que l'on met dans la prononciation , non-seulement parce que l'on se fatigue moins la poitrine , mais encore parce que le discours en reçoit une plus grande clarté , & un sentiment plus vif ; il est indispensable de faire connoître aux Eleves les accents reçus dans notre langue , qui souvent donnent différentes inflexions à la même lettre. L'*e*, par exemple, est susceptible de trois prononciations différentes , qui forment trois sons distinctifs , & qui n'ont qu'un même caractere ; l'*é* ouvert, comme dans *fer*, *mer*, &c. ; l'*é* fermé , comme dans *bonté* , *charité* , &c. ; l'*e* muet, comme dans *me*, *ne*, &c. : souvent dans le même mot on trouve ces trois *e* ; nos peres ont été long-temps sans avoir aucun signe pour

faire sentir ces différents sons ;
maintenant nous avons la commodité d'en avoir pour chacun
d'eux.

Les syllabes sont longues ou
breves, par nature, quand le son
qui les constitue dépend de quelque mouvement organique, que
le méchanisme doit exécuter avec
aisance ou célérité, selon les loix
physiques qui le dirigent. C'est
par nature que de deux voyelles
consécutives dans un même mot,
l'une des deux est breve & l'autre
est longue : toute diphtongue
est longue, soit qu'elle soit usuelle,
soit qu'elle soit factice ; il y a
des syllabes longues ou breves,
seulement par usage, lorsque le
méchanisme de la prononciation

n'exige dans le son, qui en est l'ame, ni longueur ni brieveté. Toutes les langues renferment un plus grand nombre de syllabes longues ou breves usuelles, qu'il n'y en a de naturelles ; c'est à l'usage à nous les apprendre, lui seul est le meilleur maître.

La prononciation, bien ou mal articulée, est pour les Sourds, dont je m'occupe actuellement, un objet d'autant plus intéressant, que c'est d'elle qu'il faut partir pour juger de leurs progrès ; puisque le but que l'on se propose, dans leur éducation, est de leur apprendre à lire sur les levres comme nous lisons, comme ils lisent eux - mêmes l'écriture & l'impression : mais, me demandera-t-on, peut-être la lecture sur les levres pourra-t elle jamais être aussi bonne, aussi facile & aussi sûre que celle de l'écriture & de l'impression? Je réponds que, pour quelqu'un qui seroit bien formé à la lecture sur les levres, elle seroit aussi sûre, & même plus prompte que celle d'un écrit ou d'un imprimé ; mais pour la plupart des personnes sourdes, elle ne peut avoir, ni la même facilité, ni la même évidence ; au reste, je me fais un plaisir de répondre à cette objection, en donnant de cette lecture l'idée la plus juste & la plus vraie que je le peux.

Croire que la lecture sur les levres doive être entiere & par-

faite en ce sens, qu'elle fasse connoître l'ortographe & les lettres
qui composent chaque syllabe,
c'est n'en point connoître la nature : ces connoissances exactes
sont impossibles, ou du moins
les personnes qui s'en sont occu-
pées, les ont toujours jusques à
présent regardées comme telles.
La lecture sur les levres peut bien
faire connoître chaque lettre séparément, de maniere à ne la point
confondre avec une autre ; elle
le doit même, parce qu'elle mar-
que le caractere essentiel de la
lettre ; puisque quand les organes
de la parole prononcent les lettres
seules & séparément, ils les dis-
tinguent de toutes les autres :
mais dans la formation des syllabes & des mots, les lettres
alors

alors perdent ce caractere , &
la prononciation ne peut pas produire le même effet. Chaque lettre
prise séparément , conserve son
caractere ; prise au contraire
conjonctivement , elle ne peut
le conserver , parce qu'elles in-
fluent mutuellement l'une sur l'autre. De maniere que le mouvement des levres dans les syllabes ,
tient de chacune des lettres qui
les composent ; il ne forme point
autant de caracteres qu'il y a de
lettres dans les syllabes , mais un
seul & unique caractere pour
les syllabes entieres : j'avoue cependant qu'il y a souvent des
modifications qui se font aisément
distinguer aux yeux attentifs &
perçants , & c'est principalement
dans l'union des syllabes , où plu-

fieurs confonnes fe trouvent mifes
de fuite , qu'elles fe font fentir ;
à plus forte raifon pour les fyllabes
qui ont un caractere de prononciation à elles , & qui femblent
ne tenir d'aucune des lettres dont
elles font compofées.

D'après les principes que je
viens d'établir , je dois conclure
que les Eleves , devant regarder
la lecture fur les levres comme
une mauvaife écriture , doivent
plus s'attacher au fens qu'aux mots ,
& aux mots qu'aux lettres , per-
fuadés que cette lecture eft fem-
blable à celle d'un ancien manuf-
crit , dont plufieurs mots feroient
effacés totalement ou en partie ;
ils s'attacheront alors plus au fens
qu'aux mots , parce que ceux

qu'ils connoîtront , leur donneront l'intelligence des autres. Plus la prononciation sera réguliere , & plus ils auront de facilité à entendre les personnes qui converseront avec eux ; par la même raison , moins les personnes parleront correctement , & plus la lecture sur les levres sera un travail pénible pour les Sourds.

Pour la rendre la plus facile possible , il faut avoir l'attention de ne pas couper les mots & les syllabes par un trop long intervalle , encore moins les précipiter , en les confondant les unes avec les autres : le grand point est de parler doucement , en appuyant sur chaque syllabe , & faire sentir la différence des mots dont la phrase est composée. Il est indifférent de parler à voix haute ou basse, pourvu que la prononciation soit correcte : on peut même dire qu'une articulation plus basse que haute, doit être choisie de préférence ; c'est pourquoi les Sourds doivent prévenir les personnes qui leur parlent, sur-tout celles avec qui ils n'ont point d'habitude de converser, de leur parler bas & lentement.

On voit par ces notions, qu'un Begue, ou un homme dont la prononciation est viciée par quelques défauts dans l'organe de la parole, doit être inintelligible, ou du moins donner aux Sourds une peine infinie pour être compris ;

alors les uns & les autres doivent
avoir recours à l'écriture sur le
papier ou dans la main. Il est
nécessaire de prévenir que l'Instituteur n'a pas besoin de savoir
lire sur les levres, pour apprendre
aux autres ; l'expérience a toujours démontré que cela n'empê-
choit point de former d'excellents
Eleves.

C'est par ce moyen que j'ai
tâché de remédier à la surdité
incurable de nombre de personnes
privées de l'organe de l'ouïe : telle
est l'idée que nous devons nous
former du méchanisme de ce sens
important. C'est en vain que l'air,
remué par les corps brillants ou
sonores, nous frapperoit de toutes
parts, si nous n'avions des organes

particuliers pour recevoir son impression. Le vent se sent au tou-
cher ; mais la partie de l'air qui
fait le son , ne sauroit affecter
ce sens grossier : il n'y fait pas
la moindre impression , l'oreille
est l'organe propre à cette sen-
sation ; mieux elle est conformée ,
& plus elle est susceptible de nous
rendre les sons : l'artifice de sa
construction est de la plus parfaite méchanique. L'objet essentiel d'un organe des sens , est
d'être proportionné à son objet ;
& pour l'organe de l'ouïe , c'est
de pouvoir être à l'unisson avec
les différentes vibrations de l'air :
ces vibrations ont des différences
infinies ; leur progression est susceptible de degrés infiniment pe-
tits ; il faut donc que l'organe ,

fait pour être à l'uniſſon de toutes
ces vibrations, & pour les recevoir diſtinctement, ſoit compoſé
de parties, dont l'élaſticité ſuive
cette même progreſſion, cette
même gradation, inſenſible ou
infiniment petite. Or, la ſpirale
eſt, dans la méchanique, la ſeule
machine propre à donner cette
gradation inſenſible, ou infiniment petite d'élaſticité. Enſorte
que, quelque diviſion que l'on
conçoive dans les tons, il n'y en
a point qui ne rencontre dans
les points de cette ſpirale, ſon
uniſſon ou ſa vibration égale ;
ainſi, il n'y a point de ton qui
ne puiſſe imprimer diſtinctement
ſa vibration à cette ſpirale, &
voilà en quoi conſiſte le grand
artifice des limaçons : c'eſt pour-

quoi la plus grande partie des Physiciens regarde le limaçon comme le sanctuaire de l'ouïe ; non-seulement la construction de la forme du limaçon nous fait distinguer les sens, mais il nous les conserve encore.

Je ne m'arrêterai point à donner une idée des causes qui peuvent occasionner la surdité, je ne pourrois que répéter ce que j'ai dit ailleurs sur cette matiere (*) : je dois d'ailleurs m'arrêter d'autant moins sur les causes, que cette partie très - connue est du ressort de la Médecine, ainsi que le traiment de cette infirmité ; je

____

(*) Lettre à M. de S***, Capitaine de Cavalerie, qui sert de Préface au Cours Élémentaire, pag. 7.

ne dois me borner qu'à donner du soulagement, quand elle est regardée incurable par les personnes instruites dans cette partie.

La surdité qui afflige les hommes dont nous nous occupons, quoiqu'assez considérable pour les empêcher d'entendre, est plus ou moins forte, & par-là même peut être divisée en différentes classes. On doit commencer par examiner si elle est continuelle ou seulement accidentelle, totale presque totale & ordinaire : je ne la considere point sous un autre point de vue, que sous celui où elle a un rapport immédiat avec mon Art.

La surdité est permanente,

lorſqu'elle ne ſouffre ni augmen-
tation, ni diminution pendant les
différentes ſaiſons de l'année, &
les diverſes températures de l'air.

La ſurdité accidentelle varie
ſelon les différentes ſaiſons, les
changements de temps, & l'état
de la ſanté.

Elle eſt totale, lorſque l'on
n'entend pas le plus grand bruit
ou la plus vive exploſion, lorſque rien ne peut faire impreſſion
ſur l'organe de l'ouie, ce qui eſt
très - rare.

Elle eſt preſque totale, quand
elle n'empêche pas d'entendre le
bruit violent, ſur - tout ſi il eſt
ſubit; elle peut quelquefois faire

diſtinguer , ſi il eſt éloigné ou proche.

La plus ordinaire eſt celle qui nous avertit du bruit , ſans qu'il ſoit beſoin qu'il ſoit violent , mais ſans pouvoir le faire diſtinguer tel qu'il eſt ; de maniere que nous n'avons qu'une connoiſſance du bruit , ſans en avoir de ſa modulation.

Telle que ſoit , en un mot , l'eſpece ou le genre de la ſurdité des perſonnes qui éprouvent une altération conſidérable dans l'organe de l'ouïe , il ſuffit , pour qu'elles ſoient dans le cas de recevoir des leçons de lecture ſur les levres , qu'elles ne puiſſent point diſtinguer la modification du son : quoiqu'elles entendent bien le son, elles n'en sont pas en effet plus instruites de savoir que l'on parle, si elles ne peuvent pas entendre ce que l'on leur dit ; & pour me servir ici d'une comparaison qui développera mes idées sur la surdité, je regarde les Sourds de société, comme semblables à un homme qui verroit assez pour connoître & distinguer le jour de la lumiere, qui pourroit même discerner les couleurs tranchantes, opposées les unes aux autres, & qui cependant ne verroit point un précipice à ses pieds, dans lequel il pourroit tomber. Pourroit-on regarder ce dernier, comme n'étant point aveugle ? L'avoueroit - on en état de se conduire ? Je pourrois pouffer bien plus loin la comparaifon de l'aveuglement & de la furdité ; mais je craindrois d'entrer dans un détail inutile.

Je ne retracerai point le tableau du malheur des perfonnes fourdes ; les couleurs que j'ai employées dans mon Cours d'Education, (*) au fujet des Sourds & Muets, quoique trop fortes pour les perfonnes fourdes par accident, & dont je m'occupe actuellement, fuffifent pour en donner une idée réduite à fa jufte valeur. Le portrait n'en eft pas moins terrible : leur état de triftesse habituelle eft la preuve la plus convaincante ; ils atten-

____

(*) Lettre à M. de S***, page 4 & fuiv. Introduction, page 34 & fuiv. Partie Syftematique, page 8 & fuiv.

driſſent ſur eux toutes les ames ſenſibles, ſur-tout quand la Médecine ne peut donner des ſecours à ces infortunés. Heureuſe la découverte qui peut remédier à un mal ſi généralement répandu ſur l'humanité, & changer des jours couverts de nuages en des jours ſereins ; non-ſeulement on rend l'homme triſte à la joie, mais encore on le rappelle à ſes fonctions, à ſes devoirs : toutes les claſſes d'hommes rentrent dans l'ordre naturel. L'homme riche & puiſſant jouit du plaiſir de la ſociété ; le malheureux, condamné à ne vivre que du fruit de ſon travail, peut reprendre ſes occupations journalieres.

Cette partie eſt d'autant plus

nécessaire à cultiver, que la quantité des personnes qui ont l'organe de l'ouïe vicié, est très-considérable : ce sont autant d'êtres infortunés, au bonheur desquels il est très-important de concourir, si leur nombre n'étoit pas plus grand que celui des Sourds & Muets, & si, comme parmi ces premiers, les pauvres en étoient plus affligés que les riches. Car on remarque que quelque soit la cause d'où provient cette infirmité de la surdité & de la mutité, elle est plus commune chez le peuple : l'expérience journaliere démontre que presque tous les Muets de naissance se trouvent dans la classe des hommes pauvres. Si, dis-je, il en étoit ainsi, on pourroit craindre que cet incon-

vénient ne soit un obstacle pour
les Instituteurs qui trouveroient
difficilement à se dédommager
de leurs soins ; mais le grand nombre de personnes riches qui sont
dans ce cas , peut faire espérer
une ressource aux hommes qui se
livreront à ce genre d'étude : au
lieu que la partie qui regarde les
Muets , ne pouvant être cultivée
que pour un très-petit nombre ,
& encore presque tous pauvres ,
il est à croire qu'il ne se formera
jamais un grand nombre d'Instituteurs.

Quoique l'Art , qui considere les
sourds par accident , ne soit point
sujet à autant de difficultés que
celui qui regarde les Sourds &
Muets , il ne laisse pas cependant

d'avoir

d'avoir ses désagréments ; il faut convenir que presque tous les obstacles sont la faute des Eleves, qui les feroient disparoître, si ils le vouloient, ou s'ils pouvoient combattre leur imagination & surmonter leur tristesse : mais, quand au contraire ils s'abandonnent à leur douleur, que rien ne peut les tirer de cette mélancolie qui empoisonne leurs jours : les difficultés ne font que s'accroître, & les travaux se multiplient ; les progrès alors sont notablement retardés. Si de pareils sentiments nuisent dans toutes les maladies, & empêchent l'effet des remedes, quel succès doit attendre l'Instituteur, de ses soins assidus & pénibles ? Quelle réussite, se promettra - t - il dans une guérison qui est toute entiere du ressort de l'imagination, & qui exige la tranquillité d'esprit? Mon expérience, ainsi que celle de tous les hommes, apprend que les personnes assez sourdes pour ne rien entendre, portent sur leur front l'empreinte du chagrin; il faudroit avoir un courage plus qu'humain, pour n'être point sensible à un état d'infirmité, qui nous fait éprouver continuellement des privations. Toutes les circonstances rappellent en effet aux Sourds le désagrément de leur position : concentrées en elles-mêmes, les personnes sourdes ne prennent aucune part à la conversation des autres; elles sont au milieu des hommes, comme dans la solitude : on pour-

roit même dire qu'elles y font
moins heureuſes, puiſqu'éloignées
de la ſociété, elles n'auroient pas
la douleur de la privation d'un
ſens dont elles voient jouir les
autres avec bien des regrets, &
une amertume capable de nour-
rir ce ſombre dont elles ſont ſi
juſtement affectées.

Qu'il eſt difficile à l'Inſtituteur
de guérir cette affection de l'ame,
en égayant l'imagination; il doit
y travailler autant qu'il eſt en lui;
animer la confiance de ces éleves;
faire naître l'eſpérance; ſoutenir
leurs travaux par le deſir du
ſuccès : tant que cet obſtacle
n'eſt pas levé, que l'imagination
reſte troublée par la douleur, il ne
faut eſpérer que de ſi foibles pro-

grès , qu'ils n'en méritent pas.
même le nom. C'est à cette affection douloureuse qu'il faut remon-
ter, pour connoître le refus que les
éleves font de se livrer aux exercices que l'Instituteur demande entre
ses leçons ; refus qui , comme je
le dirai, est des plus à craindre ,
& qui nuit beaucoup au succès
de leur éducation.

Il est une autre difficulté qui s'op-
pose plus encore au progrès des
éleves , mais qui ne dépend point
de leur bonne volonté , ni de leur
imagination , c'est la vue courte
ou très-foible ; dans la premiere
supposition , il faut accoutumer
les éleves à se servir de bonnes
lunettes , qu'ils doivent toujours
avoir , tant au-dehors qu'au-de-

dans de leur maiſon : celles à
tempes ſont , ſans contredit , les
moins incommodes. Dans la ſe-
conde hypotheſe , ſi la vue eſt
d'une foibleſſe à ne point eſpérer
d'acquérir des forces , il faut y
renoncer : l'obſtacle eſt inſurmon-
table ; on ne peut alors y ſuppléer
que par l'écriture dans la main ,
ce qui ne remplit pas auſſi agréablement l'eſpérance ; mais ce qui
donne au moins la faculté de pouvoir communiquer avec les autres.

La derniere , enfin , vient des
principes mêmes de l'Art, qui font
contracter aux éleves de mau-
vaiſes habitudes , qu'il n'eſt pas
facile de déraciner ; d'autant
moins que les perſonnes qui
commencent à cauſer avec les

éleves , les entretiennent encore
dans cette mauvaise habitude ,
comme j'aurai occasion de le faire
voir.

Les différentes époques de
l'éducation , savoir ; le commencement , l'instruction & la per-
fection , doivent former natu-
rellement la division de cet Ouvrage. Cette loi , par laquelle les
hommes sont convenus entr'eux
de donner à toutes les sciences
un ordre méthodique , est dans la
nature : c'est suivre sa marche ,
que de commencer par établir
des principes préliminaires , pour
en faire naître des conséquences ,
qui en sont comme l'application
& le développement. Avant de
dire comment une chose est , il

faut commencer par annoncer qu'elle eſt ; & pour étendre les connoiſſances de l'eſprit, il faut les faire naître : c'eſt ce que j'ai cherché à remplir par cette divi-ſion, tant pour les Inſtituteurs qui voudroient s'appliquer à cet Art, que pour les éleves eux-mêmes, qui doivent connoître les prin-cipes de l'Art qu'ils veulent ap-prendre. Mon but eſt de con-courir à l'avantage des uns & des autres, en donnant des pré-ceptes qui puiſſent ſervir leur utilité commune.

PREMIERE

DE LA

MANIERE

DE SUPPLÉER

AUX OREILLES

PAR LES YEUX,

Pour servir de suite au Cours Elémentaire d'Education des Sourds & Muets.

PARTIE PRATIQUE.

N. B. Comme je renvoie très - souvent pour les principes au Cours Elémentaire d'Education, je ne m'y suis presque point étendu dans cet Ouvrage ; j'ai cru qu'il suf-fisoit d'ajouter ceux que je n'avois point donné pour les Sourds : j'ai pensé que je devois prin-cipalement m'attacher à détailler les difficultés qui naissoient dans l'éducation des Sourds, en y ajoutant les détails que je n'avois pas donné dans le peu que j'ai dit sur cette matiere, aux pages 178 & suiv.

PREMIERE ÉPOQUE.

Commencement de l'Éducation.

DANS mon Cours d'Education
des Sourds & Muets, comme
dans celui-ci, j'ai toujours eu
l'attention du paſſer du ſimple au
compoſé, & du facile au difficile :
par une ſuite de ces principes,
j'ai cru qu'il étoit néceſſaire de
commencer par l'étude ſimple des
voyelles ; elles forment un ſon
achevé ; elles ſont très-aiſées à
connoître ; & les différents caracteres qu'elles prennent ſur les

A ij

levres, font les plus fimples, & fervent à la connoiffance des fyllabes ; elles les rendent bien plus faciles en abrégeant l'étude. Sans les voyelles, les confonnes n'auroient qu'un fon incomplet, pour leur en donner un parfait; il eft indifpenfable de les joindre avec une voyelle quelconque : j'ai fuivi, pour cette étude, les mêmes principes que j'ai donnés dans mon Cours d'Education ; (*) ils font tirés des regles de la prononciation même, foit par rapport à fa force connue par l'explofion de l'air, foit par la difpofition des organes, plus ou moins caractérifés, comme il eft aifé de le voir à l'endroit cité. L'expé-

---

(*) Page 85 & fuivante, de la Partie Pratique.

rience m'a démontré la bonté de
ces principes pour les uns &
pour les autres : les mêmes rai-
sons me portent à croire qu'ils
seroient plus avantageux pour
tous les enfants , que ceux que
l'usage & l'ancienneté ont con-
sacrés.

Je crois que les principes de
la lecture seroient bien plus faciles , beaucoup moins compli-
qués, qu'il y auroit moins d'inu-
tilité, si on ne faisoit point nommer aux enfants lettre par lettre,
pour les leur faire après prononcer tout de suite ; il est essentiel
de leur en apprendre la lecture :
c'est leur donner la prononciation
exacte & méthodique des mots ,
en les leur faisant connoître par

A iij

partie. Mais la nomination de chaque lettre qui compofe la fyllabe , que l'on exige d'eux avant de la leur faire prononcer toute entiere , eft-elle bien judicieufe ? On l'exige , dit-on , pour leur faire connoître chaque lettre ; mais ils ont déjà acquis cette connoiffance avant le temps où on les exerce à épeller. Seroit-ce pour leur faire fentir la force de chaque lettre , & l'influence qu'elles ont mutuellement l'une fur l'autre ? Ce qui prouve que ce ne peut pas réellement être ce motif , c'eft que le maître eft obligé de les prononcer & de les affembler , pour que fon éleve les prononce & les affemble aprés lui. Pour que cela pût être fondé en raifons , il faudroit fuppofer

que les enfants puissent combiner
cette influence mutuelle des lettres les unes sur les autres : ces
raisonnements ne sont pas de leur
âge ; ils ne les apprendront que
de mémoire ; elle seule les guide,
& ne les trompe point : elle ne
les trompera point davantage ,
en les leur apprenant , sans leur
demander la dénomination de
chaque lettre. Les Sourds & Muets
qui sont confiés à nos soins , ont,
sans contredit , plus de difficulté
qu'eux ; ils réussissent à les prononcer , à les écrire , à les lire
& à les connoître , sans cette no-
menclature : ils sont une preuve
que les autres enfants réussiront
également , en les apprenant par
la même méthode , c'est-à-dire ,
à lire les syllabes , sans être

A iv

obligés de nommer chaque lettre qui les compose. Peut-être m'objectera-t-on que la nomination des lettres qui composent les syllabes, montre aux enfants les regles nécessaires à chaque syllabe qui forme les mots : si cela étoit, j'avoue qu'il seroit essentiel de continuer la méthode, qu'elle seroit même préférable à celle que je propose ; mais comme dans l'une & l'autre la mémoire seule agit sans le jugement, il vaut beaucoup mieux suivre les principes que j'indique, pour concevoir cette vérité. Il ne faut que connoître les écrits des Savants sur cette matiere : je craindrois de me trop éloigner de mon sujet, en rapportant leur sentiment ; je me contente de conclure que l'on

apprend rien aux enfants , en
les accoutumant à nommer chaque lettre qui compofe les fyllabes , pour leur faire enfuite prononcer d'une feule explofion de
de voix. La méthode que j'indique de leur faire prononcer tout
de fuite , fans nommer les lettres
qui les compofent , leur appren-
dra , par l'ufage , à les connoître
auffi clairement que ceux qui auront été inftruits par la méthode
ufitée : je ne fuis pas le premier
qui ait eu ces vues fur mes premieres leçons de lecture que je
donne aux enfants.

J'ofe dire que l'ordre dans lequel on range les fyllabes pour
l'inftruction des enfants , contri-
bue beaucoup à leur infpirer du

dégoût pour cet exercice, à aug-
menter les difficultés ; il vaudroit
mieux renverser l'ordre alphabé-
tique, dans lequel on les range
habituellement, pour les mettre
dans l'ordre que l'on fuit pour les
Sourds & Muets ; ils auroient
moins de difficultés, parce que
la prononciation d'une fyllabe les
conduiroit à l'autre, & par-là
même, leur donneroit plus de
goût à ces exercices.

La fuite de mon Cours d'Education ne leur feroit pas moins
avantageufe, puifqu'après avoir
donné la connoiffance des fyllabes, (*) on trouve leur com-

____

(*) Page 85 & fuiv., 115 & fuiv., de la Partie
Pratique du Cours Elémentaire.

binaiſon rapportée aux mono-
ſyllabes qui ont la même prononciation , quoiqu'elles en dif-
ferent par l'orthographe , principalement dans celles qui terminent
les mots : ce qui occaſionne toujours aux enfants une très-grande
difficulté. Il m'a paru naturel de
lever cet obſtacle , en leur pré-
ſentant un tableau de ces prononciations ; & pour ôter l'aridité & la ſéchereſſe de ces
principes , il faudroit rapporter
à chaque ſyllabe quelques expreſſions ſuſceptibles de donner de
légeres idées de l'analogie des
choſes & des mots qu'ils repré-
ſentent. On pourra ſuivre le développement de ces principes dans
l'Ouvrage dont je m'occupe , pour
ſervir de ſuite au Cours Elémen-

taire d'Education des Sourds &
Muets. (*)

Pour donner une idée succinte
de ces regles, je vais en tracer
quelques exemples.

A , ah , ha , &c.
O , eau , haut , au , aux , &c.
Pa , pas , appât , &c.
Ma , mât , &c.
Ba , *bat* , bas , abas , abbé , &c.

On voit par-là que ces expres-
sions, qui se prononcent de même,

(*) Sous le titre de Principes Elémentaires des
Sciences, pour les Sourds & Muets, pour servir
de suite à leur Cours d'Education, Ouvrage qui
n'est point encore donné à l'impression.

font connoître aux enfants, dès les premiers moments, le rapport qu'il y a entre les mots & les choses qu'elles annoncent; qu'elles diversifient & ôtent le vuide & la sécheresse de l'étude des simples syllabes, qui ennuient nécessaire-ment & dégoûtent les enfants : d'ailleurs, par-là on leur donne des connoissances simples des choses qui, en les intéressant, suppléeront parfaitement bien au dégoût qu'inspirent les lectures ordinaires qui ne leur apprennent rien. Ce sont ces différents exer-cices qui m'occupent avec les Sourds, dans les premieres leçons que je leur donne, dans les com-mencements de leur éducation, & qui forment la premiere épo-que.

Pour les Sourds par accident, il fuffit de faire connoître l'effet que produit la prononciation de chaque lettre fur l'extérieur des organes de la voix, fans négliger ce qui peut aifément en paroître de l'intérieur. A ces principes, il faut joindre l'écriture dans la paume de la main, pour les temps de l'obfcurité : c'eft la voie la plus courte pour communiquer avec eux la nuit. Cet exercice, joint à cet avantage inapréciable, celui d'être de la plus grande commodité pour la fuite de l'éducation, il facilite la lecture fur les levres. Sans lui on auroit befoin continuellement de papier, de plume & d'encre, ce qui deviendroit fort incommode dans beaucoup de circonftances : on pour-

roit bien y suppléer par la poſi-
tion de l'index ſur les levres de
celui qui parle ; mais il eſt beaucoup plus difficile de s'habituer
à cette derniere méthode ; on en
peut voir les raiſons dans mon
Cours d'Education. (*)

Les lettres qui arrêtent le plus
les Sourds & Muets, donnent les
mêmes difficultés pour les Sourds ;
c'eſt dans ces moments où il faut
ſoutenir le courage , & montrer
aux éleves, par ſon exemple,
une patience au-deſſus des obſta-
cles, & une certitude de progrès
à toute épreuve. A meſure que
l'Inſtituteur avance dans les con-

____

(*) Lettre à M. de S***, page 12.
Partie Pratique , page 166.

noiſſances, il faut qu'il ait le ſoin
de répéter les leçons dans un
ordre contraire, dans lequel il
les a données : il doit, pour cela,
mêler les ſyllabes, & confondre
l'ordre dans lequel je les ai rangées
dans mon Ouvrage. L'inſtituteur,
dès le moment que l'éleve con-
noîtra les ſyllabes, aura ſoin, à
chacune d'elles, de faire lire les
mots qui ont la même prononciation, ſuivant l'exemple que j'ai
donné ci-deſſus ; il faut auſſi leur
faire lire ſur les levres les con-
jugaiſons des verbes, parce que
ces expreſſions, en changeant de
temps & de perſonnes, ne font
que ſe modifier différemment, &
conſervent la même articulation :
tels ſont les premiers exercices
auxquels il faut péniblement ſe

livrer ; ils font préparatoires , &
fervent, pour ainfi dire, de voie
pour parvenir aux autres : leur
fécherefle , leur aridité , a bien
dequoi repoufler ceux qui font
obligés d'y recourir ; mais ils font
eflentiels , & fans eux on ne
peut rien efpérer.

Ce n'eft point aflez de décrire
les opérations qui occupent dans
les premiers moments , il faut
ajouter la maniere de les faire,
fi les éleves peuvent entendre,
en leur parlant tout haut à l'oreille :
on peut leur donner par cette
voix l'explication du caractere
des lettres & des fyllabes ; il faut
de plus les leur donner par écrit ,
pour qu'ils puiflent les voir &
les étudier entre les leçons. On

B

trouvera ces principes dans le
Cours Elémentaire : (*) si les
éleves ne sont pas susceptibles
d'entendre, on ne peut leur donner que par l'écriture ; il faut
aussi leur laisser les syllabes que
l'on leur a enseignées, afin qu'ils
puissent les étudier eux-mêmes,
les réitérer autant de fois qu'ils le
voudront. Plus ils étudieront, &
plus les progrès seront rapides :
rien de si aisé pour eux ; ils prennent une glace, & répetent devant elle ce qu'ils ont appris avec
l'Instituteur ; elle leur représente
au naturel les mouvements des
levres auxquels ils doivent s'habituer : cet exercice est d'autant
plus utile, qu'il peut produire

____

(*) Partie Pratique, page 85 & suivantes.

l'effet que l'on defire, même fans maître, plufieurs faits le conf-tatent. Une Demoifelle d'un efprit vafte & remplie de connoiffances, mais d'une très-grande laideur, pouffée par une curiofité natu-relle, s'exerça, avec le fecours de fon miroir, à lire fur les levres, pour favoir ce que les hommes difoient d'elle : elle par-vint, après quelque temps d'ap-plication, au point de fuivre, au mouvement des levres, une con-verfation tenue à voix baffe dans l'éloignement. D'autres perfonnes fourdes ont acquis les mêmes connoiffances par cette voie, fans le fecours d'aucun maître : ces faits prouvent combien cet exer-cice eft utile.

Cependant la plupart des personnes sourdes s'y refusent, &
par-là retardent leur avancement ;
fatiguent l'Instituteur, parce que,
forcé de revenir plusieurs fois sur
le même objet, il a la douleur
de voir le fruit de sa peine inutile,
ou du moins ne produisant pas
l'effet qu'il auroit lieu d'en attendre : son regret du peu de réussite
de l'éleve, son attention à prononcer correctement, la peine
même de l'éleve, qui ne saisit
pas l'explication qu'on lui donne ;
les efforts inutiles de l'un & de
l'autre, pour se cacher mutuellement leurs travaux infructueux,
tout est pour eux un sujet de douleur, qui afflige, distrait des étu-
des, & l'empêche de s'appliquer

aux leçons. Il faut cependant convenir que ce refus est dans la nature. Tous les remedes à nos maux portent avec eux un caractere de désagrément & de peine qui nous repoussent. Le malade prend avec dégoût le remede qui doit être pour lui la source de la santé ; à n'en croire que ses sens, il n'en feroit aucun usage ; mais soutenu par sa raison, il surmonte sa répugnance, & trouve son bonheur dans son courage. Il en est de même des personnes dont je parle ; il leur est dur, sans doute, de se voir obligé de se rappeller continuellement leur état infirme ; qu'ils soient sous les yeux de l'Instituteur, ou qu'ils en soient éloignés, tout est mortification. Pourquoi,

dans ces inſtants , ne ſe rappellent - ils pas que le repos n'eſt
que le fruit du travail , comme
la victoire celui des combats. Le
Pilote n'arrive jamais au port
avec plus de plaiſir , que quand
il a long-temps combattu contre
le tempête.

SECONDE ÉPOQUE.

L'Instruction.

CETTE partie est bien plus intéressante que la premiere ; elle n'en a ni la sécheresse , ni les désagréments. L'Instituteur & les éleves commencent à voir l'effet de leurs travaux : les éleves eux-mêmes peuvent juger de la bonté des principes que je leur ai donnés. Ce ne sont plus des monosyllabes entrecoupés , sans suite , sans liai-sons : les discours suivis succedent à ce moment ; & comme il n'est pas possible que l'on ne trouve beaucoup de difficultés , il faut une attention particuliere pour

prononcer lentement, répéter plufieurs fois le mot qui n'a point été
compris ; aider l'éleve , tant par
l'écriture dans la main , que par
la fuite du difcours qu'il ne faut
jamais perdre de vue. l'Inftituteur
doit avoir foin de ne point fe
fervir de mots difficiles à lire
dans les commencements , à
moins qu'il n'ait l'attention de
les rendre plus faciles par l'écriture dans la main : avant de les
écrire ; pour exercer l'éleve , il
eft néceffaire qu'il les lui prononce fyllabe par fyllabe. Dans
ces premiers exercices , il faut
que l'Inftituteur entretienne l'éleve
de chofes gaies , ou au moins
intereffantes ; qu'il commence
par l'avertir du fujet qu'il traitera ,
& qu'il n'en change jamais. Il

vaudroit

vaudroit encore mieux que toutes les leçons fussent toutes sur
une même matiere , de maniere
qu'elles fussent une suite les unes
des autres ; elles seroient alors
comme des Traités ou Cours ,
suivi d'une étude quelconque. Le
sens de ces leçons , qui sont en-
chaînées les unes avec les autres,
donne aux éleves une facilité inconcevable , par laquelle ils se
prêtent un mutuel secours. On
ne peut alors se dispenser de
faire répéter aux éleves les phrases
ou demi-phrases que l'on leur a
dites , parce qu'on ne peut pas
savoir s'ils ont entendus dans le
commencement , ou on est forcé
de prendre cette voie , pour savoir
quelles sont les syllabes qu'ils n'ont
point lues ; ainsi , j'exige d'eux

C

qu'ils répetent tous les membres de phrase, pour les fortifier, en appesantissant sur les mots qu'ils n'ont point pu lire, afin de les leur faire mieux connoître; exercice indispensable dans ces commencements, mais qui est désagréable & nuisible même dans la suite de l'éducation. Il n'est difficile aux éleves de perdre cette habitude, que parce qu'ils craignent trop de se tromper; comme j'aurai occasion de le faire voir dans la troisieme époque.

Telles sont les opérations qui occupent la Partie instructive : il n'est point facile de remplir cette fonction; elle exige dans l'Instituteur des connoissances utiles & agréables, dont il puisse faire usage pour exercer son éleve avec plaisir & avantage. Ce n'est point un enfant qu'il a à former, c'est une personne faite, dont les connoissances sont étendues & le jugement sain. Les conversations qu'il a avec elle, ne sont point de ces propos de société qui ne disent rien, & dont chacun fait les frais ; c'est un discours suivi sur une matiere dont il parle seul, dans laquelle il est souvent interrompu, soit par une expression qui échappe à son éleve, soit par la lenteur qu'il est obligé de contracter en parlant, soit encore par l'impatience de l'éleve dont il est forcé de soutenir le courage, quelquefois même par la sienne propre, occasionnée par le défaut du progrès de celui qu'il instruit, plus encore par l'attention qu'il doit avoir d'écrire dans la main de l'éleve les mots qu'il sait qu'il aura de la peine à lire sur les levres.

Lorsque l'Instituteur a commencé cette partie, il ne doit plus revenir aux leçons précédentes que de loin à loin, pour accoutumer l'éleve à oublier les premiers exercices qu'il voudroit presque toujours continuer, parce qu'il y réussit, & qu'il a moins de peine qu'aux nouveaux auxquels il faut qu'il se forme, n'y étant point habitué. Les exercices actuels ne lui donnent pas, à beaucoup près, la même facilité ; souvent il faut combattre le sentiment de l'éleve, sans blesser les

loix de la politesse , cacher sa
résistance sous l'apparence d'une
condescendance dissimulée : c'est
pourquoi , autant qu'il est possible , il faut ne leur faire répéter
les leçons précédentes que le
moins que l'on le peut , & le
plus briévement possible. Par
cette conduite honnête & ferme ,
il faut que l'Instituteur gagne sur
l'esprit de son éleve de n'y plus
revenir : il ne doit rien négliger
pour avoir son consentement ;
douceur , représentation , il doit
tout employer pour persuader à
l'éleve de suivre la route qu'il lui
prescrit.

On sera peut-être surpris que
je m'arrête long-temps à cette
difficulté , qui paroît ne devoir

souffrir aucune contradiction ; cependant je puis assurer que j'ai
souvent éprouvé combien elle
m'occasionnoit de retard à l'éducation , & de peine à la combattre ; il est, dans le vrai , très-
difficile de persuader aux éleves
qu'ils retireroient plus d'avantage
de l'entretien d'un discours suivi ,
que d'une suite de petites phrases
entrecoupées qui n'ont aucune
liaison. Chaque mot qui échappe
à l'éleve , est une nouvelle occasion de revenir à la charge sur
les premiers principes ; il se grossit à lui-même la difficulté , &
c'est pour lui comme une preuve
de son impossibilité à pouvoir
réussir : son imagination grossit
alors les difficultés , & souvent
même il reproche à son Institu-

teur de ne lui avoir pas assez fait
étudier les lettres & les syllabes,
lorsqu'il devroit se contenter de
le prier de répéter le mot qu'il
ne peut point lire ; & si la répétition, plusieurs fois réitérée, en
le coupant par syllabes, ne réussit
pas, il faut alors en venir à l'écriture dans la main de l'éleve ;
ressource infaillible pour le moment, mais dont la continuation
lui deviendroit très - désavanta-
geuse, parce qu'il ne feroit plus
d'attention au mouvement des
levres, ce qui retarderoit de beaucoup les progrès.

Parvenus à cette époque, les
éleves commencent peu à peu
à lire sur les levres de l'Instituteur : ce progrès, qui les flatte infi-

niment, ne tranquillife pas davantage leur efprit toujours méfiant, & prêt à fe créer des motifs de peines. On pourroit croire qu'affectés agréablement de ce fuccès, ils aiment à y réfléchir, & s'animer à fuivre une route que leur expérience leur doit faire aimer, puifque, pour en connoître l'avantage, & juger de fon fuccès, c'eft à leur propre fentiment qu'il faut qu'ils en appellent ; cependant, par une inconféquence incroyable, ils retombent bientôt dans la même trifteffe fur leur état ; & pour trouver de nouvelles raifons de s'attrifter, ils affirment à leur Inftituteur, qu'à la vérité ils lifent fur fes levres, mais qu'ils ne pourront jamais parvenir à lire fur celles des autres : objec-

tion idéale qui retarde leurs progrès, en les décourageant. Par-là,
ils affectent leur imagination, au
point qu'effectivement ils ne peuvent point lire fur les levres des
autres : pour peu qu'ils vouluffent
faire la moindre réflexion, ils
fentiroient eux - mêmes le ridicule de leur maniere de penfer.
Quelles font en effet les raifons
qu'ils apportent pour prouver leur
fentiment ? C'eft, difent - ils,
parce que l'Inftituteur parle lentement & pofément, & que les
autres hommes parlent vîte &
prononcent mal. De cette différence effentielle, j'en conviens,
ils en concluent que jamais ils
ne doivent efpérer de pouvoir
réuffir avec les autres perfonnes ;

lorsqu'ils devroient au contraire ſe dire à eux - mêmes qu'il ne faut que prier les autres perſonnes de parler plus lentement , moins haut , & d'une maniere plus arti-culée. L'imagination , trop vive-ment affectée de leur état , méconn-oît la facilité de lever un pareil obſtacle. Attentifs à chercher les voies pour ſe décourager , ils ajoutent , en eux - mêmes , que ſouvent l'Inſtituteur eſt obligé d'é-crire dans leur main quelques expreſſions qu'ils ne peuvent point lire facilement , & qu'ils auroient honte de demander les mêmes ſecours aux autres perſonnes , ſoit qu'elles parlaſſent mal , ſoit qu'a-près avoir répété , ils ne puſſent ſe faire entendre ; comme s'il étoit moins mortifiant pour eux de comprendre de cette maniere, que de ne rien entendre. Si un Sourd, affecté de la forte, commence à rougir, & fe dit à lui-même, à l'abord de la premiere perfonne, il eft inutile qu'elle me parle, je ne l'entendrai point, envain lui adrefferoit-on alors une parole pofée & diftincte, il ne la lira pas. Occupé de fon état, il ne fait aucune attention à la perfonne qui lui parle : j'avoue que, dans le commencement d'une converfation, il aura beaucoup de peine ; qu'il fera peut-être répéter plufieurs fois les mêmes phrafes ; mais une fois inftruit de l'objet dont on lui parle, il n'aura plus de difficulté. Il faudroit être bien

peu honnête , pour ne pas s'as-
treindre à ces demandes faites
par une personne sourde , & qui
ne peut pas entendre d'une autre
maniere.

TROISIEME ÉPOQUE.

La perfection.

Lorsqu'on est parvenu à faire lire les éleves assez couramment sur les levres, pour ne plus, ou presque plus se servir de l'écriture dans la main, on doit s'attacher à tout ce qui peut contribuer à leur avancement, en déracinant les mauvaises habitudes, soit en leur donnant des leçons beaucoup difficiles, soit en les obligeant de répondre à chaque personne avec lesquelles ils ont commerce.

Il est une habitude qu'ils ont

contractée, savoir, de répéter les mots les uns après les autres, qu'il faut péniblement déraciner; il n'est pas aisé de parvenir à ce ce point, parce qu'il étoit nécessaire dans le commencement de l'éducation, attendu que les éleves ne pouvoient être sûrs de ce qu'ils lisoient, qu'autant qu'ils répétoient à haute voix ce que son Instituteur leur avoit dit; & cette répétition étoit indispensable pour lui, puisque, sans cela, il auroit couru le risque de parler beaucoup sans aucun fruit, puisqu'il ne pouvoit pas connoître autrement si son éleve l'entendoit : sans doute cette maniere de converser est ridicule; le mal est qu'elle se conserve long-temps, avec d'autant plus de facilité que les perſonnes avec qui on les accoutumé de converſer dès le premier mo- ment de l'éducation, ſont les pre- miers à attendre que les Sourds répetent ce qu'elles leur ont dit, au lieu de continuer leur diſcours. Lors même que les éleves ſont aſſez avancés pour n'avoir pas beſoin de ce ſecours, il vaudroit mieux alors être obligé de recom- mencer pluſieurs fois les mêmes choſes, que de ſuivre cette voie : envain l'Inſtituteur repréſente que cette méthode eſt déſavantageuſe ; on n'écoute point ces repréſenta- tions ; & quand l'éleve, par con- deſcendance pour celui qui l'inſ- truit, permet que l'on combatte le mauvais pli qu'il contracte avec les autres qui détruiſent ſon ou- vrage & ſes peines, il croit avoir

fait un grand effort. N'y eut-il
que le ridicule d'une converfation
dont chacun répéteroit les mêmes
mots, en caufant enfemble, qui
en devroit détourner : ce n'eft
point cependant le feul inconvé-
nient, il en eft un autre bien plus
à craindre ; celui de dégoûter
l'éleve par des difficultés prefque
continuelles & infurmontables.
En agiffant ainfi, on le met dans
le cas de trouver des mots qui
font féparés du difcours ; qui ont
une articulation peu prononcée,
dont le fens eft caché par - là
même qu'ils ne les peuvent pas
lire : il arrive quelquefois que
cela leur donne des idées contraires au fens du difcours, & ne
trouvant plus alors dans la phrafe
l'union, ils ne peuvent pas la
lire

lire facilement ; mais au contraire,
fi les mots étoient joints au refte de
la phrafe, ils deviendroient con-
nus, le fens du difcours détermine-
roit l'expreffion, & le Sourd, qui
fuit les phrafes, juge de ce qu'il ne
lit point par ce qu'il a lu ; au lieu
que quand il lit les expreffions fé-
parément, non-feulement il n'eft
guidé par rien, mais encore il
perd la fuite du difcours, par le
travail qu'il eft obligé de faire
pour lire le mot qui lui eft in-
connu : travail qui le dégoûte de
s'entretenir avec les autres hommes ; ce qui ne pourroit qu'accroître fa trifteffe, en lui faifant
défefpérer d'atteindre à la perfec-
tion. Ce défaut des éleves n'eft
donc pas feulement ridicule, mais
contraire à leur avancement,

D

parce qu'il augmente les difficultés qu'on voudroit éviter.

Pour habituer les éleves à suivre
les conversations , sans répéter
les mêmes mots , il ne faut plus
leur tenir des conversations sui-
vies sur un seul & même objet ,
comme dans les commencements ;
il faut au contraire les varier
comme celles des sociétés. Le
grand point est qu'ils ne répetent
jamais le discours qu'on leur à
tenu ; leur faire comprendre qu'il
est bien plus aisé de dire qu'ils
n'ont point lu , que de répéter
chaque expression. Ce défaut paroît, aux personnes qui n'exercent
point l'Art dont je traite , très-
facile à corriger ; cependant on
en déshabitue péniblement les

éleves : je sens bien qu'il doit disparoître de lui - même , comme
cela arrive chez les enfants , à
mesure qu'ils acquierent de l'expérience. Tous deux avides de
connoître , & craignant de se
tromper , répetent l'expression ,
pour que les autres jugent de leur
idée , que l'on les rectifie si elles
sont fausses , ou que l'on applau-
disse si elles sont vraies.

Deux choses pourroient peut-
être surprendre dans cette troisieme époque ; la premiere que
j'indique , pour matiere des leçons
de la seconde époque des discours ,
suivis sur une matiere intéressante ,
présentée même, en quelque sorte,
comme un traité , tandis que dans
celle-ci , où je regarde l'éduca-

tion comme finie , je ne veux plus
que des propos vagues de converfation. La raifon de ces pré-
ceptes eft très-claire ; c'eft que dans
la feconde époque , 1°. comme
l'éleve eft au fait de la matiere
dont on lui parle , il la fuit plus
facilement ; 2°. le difcours qui
traite d'une fcience , d'un art ,
n'eft point un traité fcientifique ,
mais un difcours méthodique fur
l'objet dont on parle : je dis méthodique , cela eft néceffaire ,
parce que l'on eft fouvent arrêté
au milieu d'une phrafe , & il eft
plus aifé de retrouver le fil de
de ce que l'on dit quand on parle
avec méthode , que quand on
varie fur mille objets différents :
3°. enfin , parce que je crois que
l'Inftituteur attache davantage l'at-

tention de fon éleve : 4°. les mots
fe prêtent mutuellement plus de
fecours , & deviennent ainfi plus
faciles à la lecture : 5°. je penfe
qu'indépendamment de toutes les
raifons que j'ai données , il feroit
fort difficile de fournir habituellement à ces propos légers , &
qui ne difent rien pendant un
efpace de deux années. Au lieu
que lorfque l'éleve eft plus au
fait de l'Art qu'on lui enfeigne ,
ce qui arrive dans la troifieme
époque , on eft beaucoup plus
libre d'égayer & de varier les
entretiens : il eft même convena-
ble de les diftraire dans ces leçons ,
par une variété d'objets ; c'eft
pourquoi j'ai toujours engagé les
éleves à recevoir leurs leçons , le
plus que je l'ai pu , dans les pro-

menades publiques & dans les temps du concours : ce qui leur fait contracter beaucoup de facilité. Eux-mêmes vous font des interrogations analogues au chofes qu'ils voient, & alors ils entendent parfaitement les réponfes : la converfation devient réciproque entre l'éleve & l'Inftituteur : on jouit dans ce moment du fruit de fon travail.

La feconde eft d'engager les éleves à caufer avec tout le monde, ce qui n'eft point facile à leur perfuader : leur imagination frappée, le défaut de bien des perfonnes qui n'articulent pas comme il convient, l. s difcours imprévus qu'ils leurs adreffent, tout rebute d'abord les Sourds,

mais ils y parviennent peu à peu.
Ils commencent par en contracter
l'habitude avec les perſonnes de
leur maiſon ; quelques autres avec
leſquelles ils ſont plus liés ; & pour
qu'ils la contractaſſent avec tous
les hommes, avec plus de facilité,
je voudrois qu'ils euſſent avec
eux des perſonnes avec qui ils
cauſeroient facilement, pour les
mettre au niveau de la conver-
ſation des hommes qu'ils connoî-
troient peu ou point du tout :
par-là, inſenſiblement ils parvien-
droient eux-mêmes à s'entretenir
avec le premier homme.

J'ai cru qu'il étoit inutile de
répéter à chaque page la néceſ-
ſité de s'exercer à la lecture ſur
levres avec le ſecours du miroir ;

de même que j'ai cru inutile de
dire que dans le temps de la premiere époque , il falloit faire
répéter à voix diſtincte les leçons
aux éleves , pour s'aſſurer ſi ils
les avoient compriſes , comme on
fait pour ceux à qui on apprend
à lire : on n'a que cette méthode
pour juger de leurs progrès.

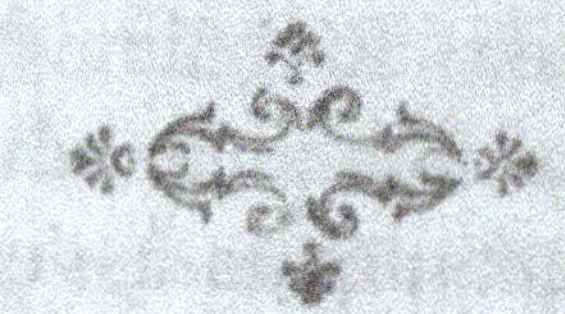

MÉMOIRE

MÉMOIRE

SUR LE BÉGAIEMENT.

Appliqué depuis long-temps à l'étude de la parole, j'ai cherché à connoître sa nature, ses défauts, les causes qui les produisent, & les moyens d'y remédier : j'ai pensé que le bégaiement pouvoit & devoit même entrer dans mes occupations, d'autant plus que malheureusement beaucoup d'hommes en sont affligés, & que si je pouvois trouver des moyens sûrs pour y remédier, & le prévenir, mes opérations ne pourroient qu'être utiles : c'est dans cette vue que j'ai appliqué

E

mes principes avec succès sur différentes personnes.

Le bégaiement *balbuties*, *blæ-sitas*, *blæsa lingua*, *balavo & bam-balio*, est quelquefois un vice dans les muscles & les organes de la parole, & souvent il n'est l'effet que d'une très - mauvaise habitude, contractée depuis la plus tendre enfance : on pourroit facilement le prévenir dans les enfants, en les forçant à prononcer lentement, & à articuler chaque expression, sans leur permettre de les répéter. Pres-que tous les enfants ne le contrac-tent que dans les écoles & les caté-chismes, où, pour couvrir leur paresse & leur ignorance, ils ré-petent plusieurs fois le même mot en le balbutiant, afin de se don-

ner le temps de chercher la suite
de ce qu'ils ont dû apprendre.
D'autres le contractent par la timi-
dité seule , & insensiblement ils
s'accoutument à ce défaut , qui
leur reste presque toujours : on
voit cependant quelquefois des
exemples du contraire.

Un jeune enfant que j'ai connu
a été begue pendant au moins dix
ans , au point qu'on ne pouvoit
l'interroger , parce qu'il n'étoit
point intelligible dans ses répon-
ses ; à force de prendre sur lui-
même , il est parvenu à parler
comme tous les autres hommes ;
il ne lui est resté qu'une difficulté
insensible dans la prononciation :
il pouvoit avoir vingt ans quand
il s'est corrigé.

E ij

Pour les enfants , au contraire ,
chez qui ce défaut vient de la
mauvaise organisation , il faut
beaucoup plus de travail , & mettre en usage les mêmes principes
que ceux dont on se sert pour les
Muets , & que j'ai détaillés aux
pages 85 & suivantes de mon
Cours d'Education : on obvie
ainsi à cette prononciation tar-
dive, interrompue, tremblante &
inarticulée. Les lettres , dont l'articulation est pour eux de la derniere difficulté , deviennent faciles ; expérience que j'ai souvent
répétée avec succès sur plusieurs
personnes de différents âges.

En 1778 on m'amena une
petite fille âgée de dix à douze
ans , qui ne pouvoit prononcer

les lettres *l* & *r*, jointes à d'autres
lettres ; elle avoit même beaucoup
de difficulté à prononcer la derniere seule : je lui en donnai
l'usage, en me servant des mêmes
principes que pour mes éleves
Muets.

Cette difficulté accroît l'impatience des begues ; alors leurs
efforts trop précipités, loin de
lever l'obstacle, ne font que l'accroître ; & bientôt manquant
d'haleine, & empêchés par la
quantité d'eau qui s'accumule dans
leur bouche, ou ils font obligés
à garder le silence, ou ils ache-
vent leur phrase avec une préci-
pitation qui étonne d'autant plus,
que leur articulation a semblé
lente. Cependant il est de fait,

que ce n'est point le défaut de mouvement dans l'organe de la langue, qui fait balbutier; mais sa trop grande vivacité dans ses mouvements incertains & précipités, & dans la position contraire à la prononciation de la lettre qu'ils voudroient articuler : c'est une vérité que tout le monde est à portée de sentir, puisqu'on en peut faire l'expérience sur soi-même. Qu'on remue avec force sa langue d'une maniere incertaine dans sa bouche, on verra alors qu'on ne fera que bégayer, au lieu de prononcer correctement.

Dans le nombre de ceux que j'ai été à portée de voir, j'ai toujours remarqué que la langue étoit plus épaisse ; mais aussi libre

des ligaments qui la tiennent atta-
chée au palais inférieur, que celle
des autres hommes.

Telle étoit entr'autre une fille
âgée de vingt-deux à vingt-trois
ans ; elle avoit la langue au moins
une fois aussi épaisse que l'on l'a
ordinairement ; elle avoit une difficulté inconcevable à s'exprimer
sur tous les objets : tous les mots,
toutes les lettres lui opposoient
un égal obstacle. Une fois parvenu à la faire parler lentement
avec moi, qui lui faisois battre
la mesure à chaque syllabe, je
l'avois mise au point de ne pas
bégayer ; en suivant cette méthode, je me suis vu forcé de
renoncer à sa parfaite guérison,
parce qu'elle ne vouloit ni s'af-

treindre à parler lentement, ni s'exercer chez elle : j'aurois eu besoin d'un trop long exercice, & je regardois son peu de progrès comme un défaut de bonne volonté.

Je crois que l'on peut aisément distinguer si le bégaiement est une suite de l'habitude, ou un défaut d'organisation ; parce que j'ai remarqué, 1°. dans ceux qui avoient la langue si épaisse, beaucoup plus de lettres qui les arrêtoient que dans les autres ; 2°. qu'il suffit, à ceux qui ont contracté ce défaut par habitude, de leur faire sentir du doigt leur langue dans les mots qu'ils bégayent, & celle d'un autre homme qui prononce correctement les mêmes mots.

Ce qui m'a parfaitement réuſſi ſur un homme de la campagne, âgé au moins de cinquante à cinquante-cinq ans.

D'après ces faits, il eſt aiſé d'en conclure que ce défaut peut être corrigé ſans beaucoup de difficulté, même lorſqu'il eſt la ſuite du défaut d'organiſation.

F I N.

APPROBATION.

J'ai lu, par l'ordre de Monseigneur le Garde des Sceaux, un Manuscrit, ayant pour titre : *De la maniere de suppléer aux Oreilles par les Yeux, pour servir de suite au Cours Elémentaire d'Education des Sourds & Muets*, par M. l'Abbé DESCHAMPS, Chapelain de l'Eglise d'Orléans, Instituteur des Sourds & Muets : cet Ouvrage, vraiment intéressant, & qui nous manquoit, est une nouvelle preuve du zèle & des talents de son Auteur, & je l'ai jugé très-digne de l'impression. A Orléans, ce vingt Août mil sept cent quatre-vingt-deux.

BEAUVAIS DE PREAU.

A ORLÉANS,

Chez COURET DE VILLENEUVE, Imprimeur du Roi. 1782.